HABLEMOS CLARO

Fumar

Stephanie Paris

Consultores

Dr. Timothy Rasinski
Kent State University

Lori Oczkus
Consultora de alfabetización

Dana Lambrose, M.S.N., PMHNP
West Coast University

Basado en textos extraídos de *TIME For Kids*. *TIME For Kids* y el logotipo de *TIME For Kids* son marcas registradas de TIME Inc. Utilizados bajo licencia

Créditos de publicación

Dona Herweck Rice, *Jefa de redacción*
Conni Medina, *Directora editorial*
Lee Aucoin, *Directora creativa*
Jamey Acosta, *Editora principal*
Lexa Hoang, *Diseñadora*
Stephanie Reid, *Editora de fotografía*
Rachelle Cracchiolo, *M.S.Ed., Editora comercial*

Créditos de imágenes: pág. 16 Alamy; págs. 11, 20 FDA; págs. 32–37 Timothy J. Bradley; pág. 14 Kelly Brownlee; pág. 13 (arriba) Bloomberg via Getty Images; págs. 6–7 (arriba) Newscom; págs. 38–39 Associate Press; págs. 2, 21, 25 (abajo) Photo Researchers, Inc.; todas las demás imágenes de Shutterstock.

Teacher Created Materials

5301 Oceanus Drive
Huntington Beach, CA 92649-1030
http://www.tcmpub.com
ISBN 978-1-4333-7091-5
© 2013 Teacher Created Materials, Inc.

Tabla de contenido

Encender un cigarrillo

Más de mil millones de personas fuman en todo el mundo. Fumar es muy peligroso. Entonces, ¿por qué la gente lo hace?

El **tabaco** de los cigarrillos contiene miles de sustancias químicas. Una de ellas es la **nicotina**. Hace sentir a las personas como si tuvieran más energía. Pero la sensación no perdurará. Con el correr del tiempo, el hábito de fumar le provoca un daño grave al cuerpo. Las dolencias y enfermedades pueden provocar niveles bajos de energía. Los fumadores pueden tener problemas para respirar. Y, eventualmente, el hábito de fumar puede provocar la muerte. Una vez que las personas empiezan a fumar, generalmente es muy difícil para ellas dejar de hacerlo. La nicotina es muy **adictiva**.

PARA PENSAR

1 ¿Cuáles son los efectos del hábito de fumar?

2 ¿Por qué las personas eligen fumar o no fumar?

3 ¿De qué manera puedes hacer elecciones saludables para tu cuerpo?

Un agricultor de tabaco examina su planta.

5

¿Por qué la gente fuma?

Los estudios demuestran que la mayoría de las personas empiezan a fumar porque creen lo que ven en los anuncios publicitarios. Éstos pueden lograr que prácticas no saludables se vean elegantes. Y pueden lograr que la gente quiera probar productos nuevos. Los riesgos del hábito de fumar son claros. Pero los anuncios pueden lograr que incluso el hábito de fumar parezca ser una buena idea.

Cada año, las compañías de tabaco gastan $10.5 mil millones en la comercialización de sus productos dentro de los Estados Unidos. ¡Eso significa más de $28 millones por día! Y eso es solo lo que gastan en un país. Intentan hacer creer a las personas que fumar los ayudará a ser más delgados y más atractivos. Quieren que las personas crean que fumar es la clave para ser popular. La mayoría de los anuncios no muestran el verdadero costo del hábito de fumar.

Activistas alertan acerca de las muertes causadas por el hábito de fumar.

INDICACIONES DEL MÉDICO

Antes que la gente entendiera los peligros del tabaco, los médicos solían recomendar a sus pacientes que fumaran. Durante muchos años, las compañías aseguraron que sus cigarrillos hacían más saludables a las personas. Hoy, los médicos emiten fuertes advertencias contra el hábito de fumar y ayudan a sus pacientes a abandonarlo.

¡SIÉNTETE LIBRE para REALIZAR TU PROPIA ELECCIÓN!

Las compañías de tabaco generalmente venden el hábito de fumar como una elección, no como una adicción. En los anuncios no se muestran ni los costos financieros ni los de la salud. Observa detenidamente para detectar qué técnicas de *marketing* se usan en este anuncio.

Modelos atractivas hacen que el hábito de fumar se vea tentador.

Espacios abiertos y una sonrisa en la cara de la modelo sugieren que el hábito de fumar te libera de las preocupaciones.

¡ALTO! PIENSA...

- ¿Por qué crees que los anuncios de cigarrillos muestran personas que se ven felices y saludables?

- ¿Este anuncio muestra alguno de los costos que conlleva el hábito de fumar?

- ¿La etiqueta de advertencia hace que quieras evitar fumar?

Colocar a la modelo en un ambiente natural hace que los cigarrillos parezcan saludables.

Para andar en bicicleta se necesitan pulmones saludables, pero los pulmones de un fumador no son saludables.

ADVERTENCIA DE LA DIRECCIÓN GENERAL DE SALUD PÚBLICA: El hábito de fumar provoca cáncer en el pulmón, enfermedades cardíacas, enfisema y puede complicar el embarazo.

Dinero, dinero, dinero

   ¿Por qué las compañías de tabaco gastan tanto dinero en anuncios? Porque obtienen muchísimo dinero de los fumadores. Pero, el hábito de fumar puede acortar la vida de una persona. Por lo tanto, siempre necesitan fumadores *nuevos*. ¿Cuánto dinero ganan las compañías? Nadie sabe con seguridad la cantidad total que se vende en el mundo. Pero en los Estados Unidos se registran las ventas. Las compañías de tabaco en EE. UU. venden miles de millones de dólares por año en concepto de cigarrillos. Y en los Estados Unidos solo se encuentra el cuatro por ciento de la población mundial. ¡Haz la cuenta!

EL VERDADERO COSTO

 =

Por cada $1.00 que se paga por costos de cigarrillos...

... se gastan más de $2.00 en la atención médica de las personas que padecen enfermedades a causa de los cigarrillos.

¿BLANCOS FÁCILES?

Un estudio reciente demostró que mientras más expuestos se encuentren los adolescentes a la publicidad de los cigarrillos, más probabilidades tienen de empezar a fumar.

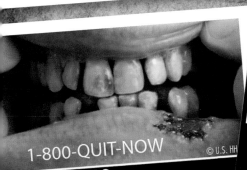

Las nuevas leyes ahora requieren que las compañías de tabaco anuncien los peligros del hábito de fumar.

BRAND

20 Class A Cigarettes

Nuevos clientes

Los fabricantes de cigarrillos no pueden venderles a los niños. Pero, de todos modos, lo intentan. Quieren fumadores más jóvenes. Cuanto más jóvenes sean las personas a las que logren hacerles intentar fumar, más propensas serán esas personas a ser fumadoras de por vida. Aproximadamente el 90 por ciento de todos los fumadores adultos comenzaron a fumar en su adolescencia, o antes. Las compañías de tabaco también han descubierto que los anuncios funcionan mejor en los niños. Más del 80 por ciento de los fumadores jóvenes eligen una de las tres marcas más publicitadas. Menos fumadores adultos eligen esas marcas.

Los fabricantes de cigarrillos piensan que es más fácil venderles a los niños. No creen que los niños vayan a realizar cuestionamientos. ¡Pero no tienes que ser un blanco fácil! Piensa en lo que ves. Formula preguntas. ¿Es real lo que muestran? ¿Realmente quieres comprar lo que venden?

Una compañía de tabaco una vez llamó a los fumadores más jóvenes "fumadores de reemplazo".

DÓLARES SUCIOS

En los Estados Unidos, es ilegal vender cigarrillos a niños menores de 18 años. Sin embargo, por año se venden más de un millón de paquetes a los **menores**, lo que equivale aproximadamente a $221 millones para las compañías de tabaco. Las tiendas generalmente colocan los productos relacionados con el tabaco al nivel de la vista de los niños.

TIPOS de TABACO

El tabaco se fuma en cigarrillos, habanos y pipas de agua, también conocidas como *narguiles*. También se puede masticar como tabaco sin humo o "mascada de tabaco". Se fume o no, la nicotina sigue siendo peligrosa.

| narguile | pipa | tabaco de mascar | habano | cigarrillo electrónico |

DULCE y AGRIO

Las compañías de cigarrillos orientan su producto a las personas que creen que son las más propensas a comprarlo. Es ilegal que las compañías de tabaco les vendan a los niños. Pero muchos de los anuncios que lanzan parecen estar dirigidos a ellos.

NO tan DULCE

Las compañías de tabaco solían vender cigarrillos con sabor a caramelo. Diseñaron estos cigarrillos dulces para atraer a los niños. Actualmente, es ilegal fabricar cigarrillos con sabor a caramelo. Sin embargo, las compañías de tabaco aún fabrican muchos otros productos con sabor dulce.

Los productos relacionados con el tabaco generalmente se colocan en las tiendas cerca de los dulces. Quizá incluso estén diseñados para parecerse a un dulce o a las pastillas que refrescan el aliento.

CARICATURAS ASESINAS

La mayoría de los adultos no está interesada en las caricaturas. Entonces, si ves un anuncio con personajes de caricaturas, es posible que esté intentando captar la atención de los niños.

Presión de los pares

Algunas personas se enfrentan a la presión de sus pares, o sus amigos las alientan a fumar. ¿Por qué las personas presionarían a alguien a hacer algo que no es saludable? Existen muchas razones. Pueden sentirse **inseguras**. Pueden querer que alguien más lo haga para poder sentir que está bien. O quizá quieren que las personas sean más parecidas a ellas. Incluso es probable que intenten que otros se sientan mal para poder sentirse mejor con ellos mismos.

Pero hay que recordar algo importante. No tienes que hacer nada que no quieras. Está bien decir "No". A veces es difícil encontrar la manera adecuada de decirlo. Pero hay muchas opciones. Observa la lista de la próxima página. Intenta decir estas frases con tus propias palabras. Y practica con tus amigos para descubrir cuál suena natural.

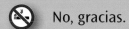
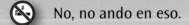

MANERAS de DECIR "NO"

¿Qué dirías si alguien te ofreciera un cigarrillo? Es bueno estar preparado.

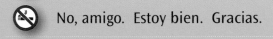 No, gracias.

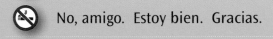 No, no ando en eso.

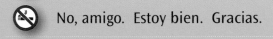 No, amigo. Estoy bien. Gracias.

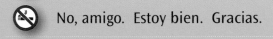 Soy alérgico al humo.

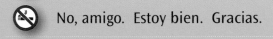 No. Si mi madre huele eso en mí, ¡definitivamente estaría en un problema!

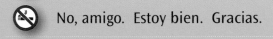 Conozco a alguien que murió por fumar. No es para mí.

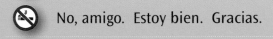 No quiero empezar. Estoy intentando que mi (padre, hermano, hermana, amigo) lo abandone.

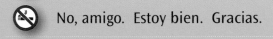 No. Mejor vayamos (al centro comercial, a mi casa a ver una película, a andar en patineta, a jugar videojuegos, etc.).

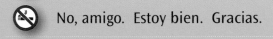 Soy atleta. Fumar dificulta mucho la práctica de deportes.

 Debo estar en perfectas condiciones para el partido. No puedo estarlo si no puedo respirar.

 El olor del humo me descompone.

 ¡No quiero oler mal!

 No gracias, lo abandoné.

¿Por qué no fumar?

Hay muchas buenas razones para no fumar. Pero la razón más importante es que puede ser mortal. Mortal, ¿en qué sentido? El hábito de fumar puede acortar tu vida más de 10 años. Si te conviertes en un fumador regular, tienes una en tres posibilidades de morir por una enfermedad relacionada con el hábito de fumar. Pero eso no sucede de inmediato. Antes, a tu cuerpo le suceden muchas otras cosas asquerosas.

Cambios rápidos

La mayoría de las personas tosen y se ahogan la primera vez que intentan fumar. Algunas personas incluso vomitan. Nuestros cuerpos saben que el humo no pertenece en los pulmones. Es tóxico. Pero, ¿qué sucede cuando las personas fuerzan a sus cuerpos a "aprender" a fumar? De inmediato, tienen mal aliento. Pronto, sus dientes se vuelven amarillos y comienzan a toser más. Es posible que se resfríen más a menudo. El hábito de fumar generalmente acelera los latidos del corazón. Se hace más difícil para el corazón bombear la sangre a través del cuerpo. Esto dificulta la práctica de deportes.

OLISQUEAR

El hábito de fumar disminuye la capacidad de una persona para oler cosas. Quizá esto ayuda a que los fumadores puedan lidiar con su propio mal aliento y sus prendas apestosas.

UN PROBLEMA PEGAJOSO

Los adolescentes que fuman fabrican el doble de **flema** que los no fumadores. ¡Puaj!

¡Qué atractivo!

Los anuncios relacionados con el hábito de fumar quieren que la gente piense que fumar los hará más tractivos. Pero la verdad es que los fumadores tienen problemas para lucir bien. Los dientes amarillos y el mal aliento son lo suficientemente asquerosos. Pero sus cabellos y su ropa también huelen mal. Y la piel de los fumadores puede volverse muy seca. El hábito de fumar dificulta que la sangre y el oxígeno lleguen a la piel. Por lo tanto, la piel de los fumadores puede lucir pálida y de aspecto enfermizo. Su piel no puede cicatrizar tan rápido. Por eso, generalmente se arrugan más rápido que las personas que no fuman.

Los fumadores generalmente tienen los dientes manchados y llagas en los labios.

HAZ la CUENTA

Aproximadamente 1 de cada 16 niños de la escuela secundaria son fumadores. Y 1 de cada 5 de la preparatoria fuma. Pero eso significa que 4 de cada 5 niños de la preparatoria NO fuma.

TENDENCIAS DEL HÁBITO DE FUMAR

Porcentaje de adolescentes que fuman

50%
40%
30%
20%
10%
0%

2000 2001 2002 2003 2004 2005 2006 2007 2008 2009 2010

Años

Del bolsillo

Las compañías de tabaco gastan mucho dinero para hacer que fumar parezca divertido. Pero los fumadores también gastan mucho dinero. El costo promedio de los cigarrillos en los Estados Unidos es superior a cinco dólares por paquete. Una persona que fuma solo un paquete por semana gastará $260 al año en cigarrillos. Muchos fumadores fuman hasta un paquete por día. ¡Eso equivale a $1,825 por año!

TÚ DECIDES

Si tuvieras $2,000 adicionales por año para gastar en otra cosa que no sean cigarrillos, ¿cómo los gastarías?

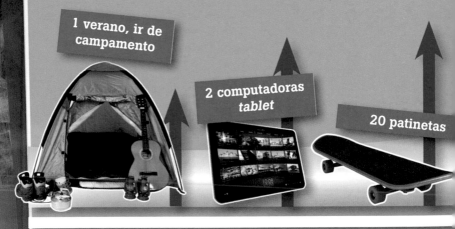

1 verano, ir de campamento

2 computadoras tablet

20 patinetas

$10 MIL MILLONES

Esta es la cantidad de dinero que gastan los Estado Unidos por año en atención médica para las personas con enfermedades causadas por *otras personas* que fuman.

100 camisetas

50 semanas de lecciones de piano

200 libros

Acción tardía

Ya conoces los problemas a corto plazo causados por el hábito de fumar. Pero, ¿qué sucede si fumas durante un largo tiempo? El hábito de fumar dificulta que la sangre fluya a través del cuerpo. **Estrecha** los vasos sanguíneos o los hace más pequeños. Los fumadores tienen las manos y los pies fríos. Además, pierden **densidad ósea**. Sus huesos se debilitan y se afinan. El hábito de fumar daña la lengua y la nariz. Por eso, los fumadores no pueden saborear ni oler muy bien los alimentos. El humo irrita los pulmones. Los fumadores generalmente tienen tos. Y el hábito de fumar dificulta la capacidad del cuerpo de curarse. Por lo tanto, si un fumador sufre una lesión o se enferma, le lleva más tiempo recuperarse.

Estas solo son las cosas menos graves que suceden. Generalmente no se habla de ellas. Eso se debe a que existen muchos problemas más graves que los fumadores deben enfrentar.

Aproximadamente 8.6 millones de estadounidenses se encuentran actualmente enfermos como consecuencia de los cigarrillos que fuman.

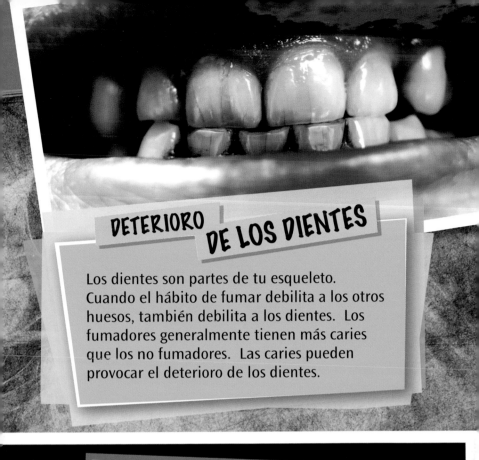

DETERIORO DE LOS DIENTES

Los dientes son partes de tu esqueleto. Cuando el hábito de fumar debilita a los otros huesos, también debilita a los dientes. Los fumadores generalmente tienen más caries que los no fumadores. Las caries pueden provocar el deterioro de los dientes.

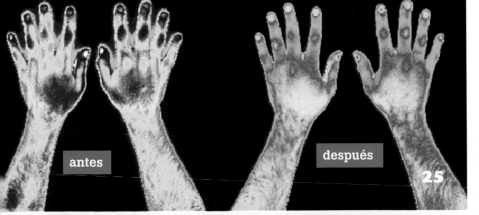

Esta imagen de sensibilidad al calor muestra la diferencia del flujo sanguíneo antes de fumar un cigarrillo y cinco minutos después de hacerlo. La nicotina impide un flujo sanguíneo saludable.

antes

después

El gran problema

Los problemas más graves provocados por el hábito de fumar están relacionados con el corazón, los pulmones y el cáncer. El hábito de fumar provoca **enfermedades cardíacas**. Daña las arterias que rodean al corazón y provoca ataques cardíacos.

El hábito de fumar también provoca **enfisema**. El pulmón se pone negro y se llena de grumos. Las personas con enfisema sienten que nunca pueden recobrar el aliento.

Los cigarrillos también provocan muchos tipos de cáncer. Los más comunes son el cáncer de pulmón, el cáncer de garganta y el cáncer de vejiga. Además, los fumadores contraen más infecciones. La **neumonía** es una infección pulmonar grave. Los fumadores la contraen con mucha más frecuencia que los no fumadores.

RESPIRACIÓN PROFUNDA

El hábito de fumar daña a casi todos los órganos del cuerpo. Pero los pulmones son los que están más expuestos.

ENFERMEDAD PULMONAR CRÓNICA

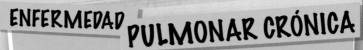

Crónica significa que algo es recurrente o nunca desaparece por completo. Para los fumadores, la **enfermedad pulmonar crónica** es un problema enorme. Representa aproximadamente el 73 por ciento de las enfermedades relacionadas con el hábito de fumar que actualmente padecen los fumadores.

Los pulmones de una persona que no fuma son rosados y están llenos de oxígeno.

Los pulmones de un fumador son negros y les cuesta respirar con facilidad.

¿Por qué simplemente no dejar?

Si el hábito de fumar es tan dañino, ¿por qué los fumadores simplemente no lo abandonan? Simplemente porque no es fácil. El hábito de fumar es muy adictivo. Una vez que las personas comienzan a fumar, es muy difícil dejar de hacerlo. La nicotina del tabaco afecta al cuerpo y a la mente. Pareciera ser que la droga es la única manera de sentirse bien. Una persona adicta no se siente normal sin nicotina. La mayoría de los fumadores no esperaban volverse adictos cuando comenzaron. Pero más de un tercio de las personas que probaron un cigarrillo se convirtieron en fumadores cotidianos.

Las personas pueden abandonar el hábito. Pero, no es fácil. Generalmente se requiere de varios intentos hasta lograrlo. Algunas veces, las personas pueden necesitar la ayuda de un médico para dejar de fumar. Las enfermeras y los consejeros también pueden ayudar a las personas a dejar de fumar. Pero, en primer lugar, ¡lo más fácil es no comenzar! Alguien que deja de fumar puede sentirse mal durante el **proceso de abandono**. El proceso de abandono implica una reacción física y emocional. Perdura hasta que el cuerpo sienta que vivir sin nicotina es algo normal.

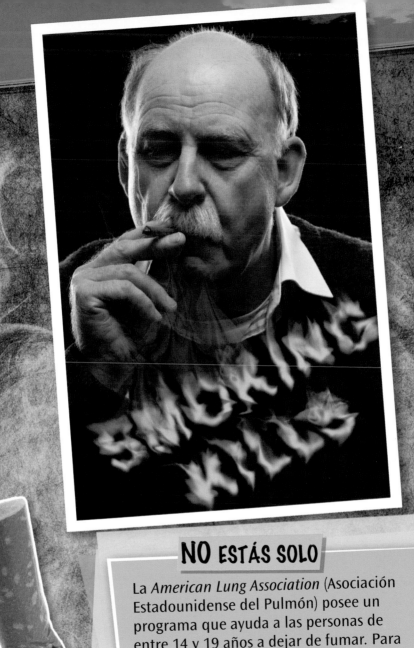

NO ESTÁS SOLO

La *American Lung Association* (Asociación Estadounidense del Pulmón) posee un programa que ayuda a las personas de entre 14 y 19 años a dejar de fumar. Para obtener más información, visita la página web www.notontobacco.com.

Muerte

Desafortunadamente, si los fumadores no dejan el hábito, se arriesgan a mucho más que tener una mala salud. Muchos fumadores pueden morirse debido al hábito de fumar. Cada año, en los Estados Unidos mueren 400,000 personas por el humo de sus propios cigarrillos. Incluso el **humo secundario** puede ser mortal. Otras 50,000 personas mueren por haber estado expuestas al humo de otras personas.

Las personas mueren debido a enfermedades provocadas por las sustancias químicas del humo. Tanto las enfermedades cardíacas, como el enfisema y el cáncer pueden ser mortales. La neumonía también puede ser fatal. Aproximadamente el 20 por ciento de todas las muertes son causadas por el hábito de fumar.

En promedio, los fumadores mueren entre 13 y 14 años antes que los no fumadores.

MÁS DE SEIS MILLONES

Esta es la cantidad de niños estadounidenses que eventualmente morirán debido al hábito de fumar. Esta cantidad solo disminuirá si menos cantidad de gente fuma.

RECUPERACIÓN RÁPIDA

La buena noticia es que cuando alguien deja de fumar, el cuerpo reacciona rápidamente. Esto es lo que sucede cuando alguien deja de fumar.

20 minutos
La frecuencia cardíaca y la presión arterial vuelven a la normalidad.

12 horas
El nivel de **monóxido de carbono** de la sangre vuelve a ser normal.

2 días
Los aromas y los sabores son más fuertes.

> **"La verdad es que, dejar de fumar es difícil"**.
> —Presidente Barack Obama

2 semanas a 3 meses
Los pulmones se vuelven más saludables y pueden incorporar más aire.

1 a 9 meses
La respiración se hace más fácil. Los pulmones tienen una mayor capacidad para combatir infecciones.

1 año
El riesgo de padecer una enfermedad cardíaca es un 50 por ciento menor al de un fumador.

Alrededor del mundo

Las personas de Estados Unidos y de Europa occidental están fumando menos cigarrillos que antes. Esto se debe probablemente a que más personas están conociendo la magnitud del daño que el hábito de fumar puede provocar. Pero la gente de otras partes del mundo está fumando más. En 2010, se fabricaron más de seis billones de cigarrillos. ¡Eso equivale a más de 900 por cada ser humano vivo en el planeta!

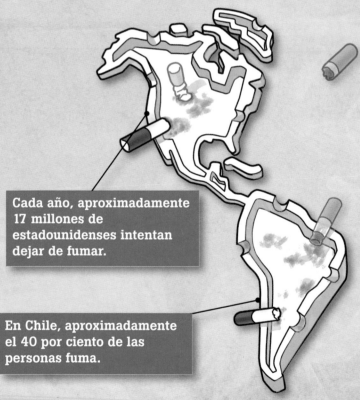

Cada año, aproximadamente 17 millones de estadounidenses intentan dejar de fumar.

En Chile, aproximadamente el 40 por ciento de las personas fuma.

DÍA MUNDIAL SIN TABACO

En 1988, la Organización Mundial de la Salud (OMS) adoptó el 31 de mayo como el Día mundial sin tabaco. Ese día, las personas de todo el mundo intentan dejar de consumir el tabaco durante al menos 24 horas. La OMS trabaja todo el año para disminuir el uso del tabaco en todo el mundo.

La China tiene la mayor cantidad de fumadores del mundo. Aproximadamente 350 millones de chinos fuman.

Más del 30 por ciento de las personas de Vietnam fuma.

La Organización Mundial de la Salud ha lanzado la "Iniciativa liberarse del tabaco" para terminar con el consumo de tabaco en todo el mundo.

DENTRO DE UN CIGARRILLO

Hay más de 4,000 sustancias químicas muy dañinas en cada cigarrillo. Algunas de estas sustancias químicas se pueden encontrar en otros materiales. Fíjate que hay dentro de cada bocanada.

La nicotina es la parte adictiva de un cigarrillo. También se usa en aerosoles insecticidas.

Usamos gasolina para abastecer nuestros automóviles, pero no debemos beberla. El **tolueno** se encuentra en la gasolina y en el humo del tabaco.

¿Alguna vez has olido el quitaesmalte? La **acetona** que se encuentra en ese quimico también se encuentra en los cigarrillos.

El monóxido de carbono es un gas tóxico inodoro e incoloro.

La **urea** es una sustancia química que nuestros cuerpos no pueden absorber. Se libera en nuestra orina, y se encuentra en cada cigarrillo.

El **cianuro** se encuentra en el veneno para ratas y en el humo del cigarrillo.

Las personas que fuman se han quejado por encontrar insectos en sus cigarrillos.

El **formaldehído** se usa para preservar el cuerpo de los muertos, y los cigarrillos.

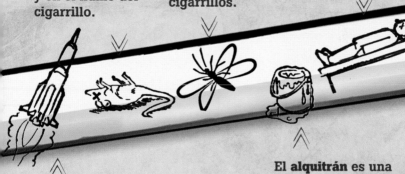

La **hidrazina** se usa en el combustible de los cohetes espaciales. Es excelente para los cohetes espaciales. Pero puede provocar **convulsiones** en los humanos.

El **alquitrán** es una cosa negra, espesa y pegajosa que se usa en los techos y para pavimentar calles. ¡El promedio que un fumador inhala es una taza de alquitrán por año!

¡No empieces!

Si estás convencido de que el hábito de fumar no es para ti, haz correr la voz. Existen muchas maneras de hacer que los demás conozcan los peligros del hábito de fumar. Únete a una campaña en contra del hábito de fumar. Comunícate con la *American Lung Association* y averigua cómo puedes colaborar. Toma una cámara y publica un video corto en Internet. Permite que los demás sepan el motivo por el cual eliges no fumar. Y si conoces personas que fuman, intenta alentarlas para que abandonen el hábito. Hazles saber que entiendes que será difícil.

La patinadora Tara Lipinski y otros activistas jóvenes forman parte de una concentración contra el tabaco en Washington, D.C.

PARTICIPA

➢ Diseña y confecciona una camiseta en contra del tabaco.

➢ Escribe un *blog* en contra del hábito de fumar.

➢ Si algún ser querido tuyo desea dejar de fumar, cuéntale acerca de este sitio web que tiene algunos consejos excelentes: www.cdc.gov/tobacco/quit_smoking

➢ Organiza un *Kick Butts Day* (día nacional contra el tabaco) en tu escuela. El evento se lleva a cabo todos los años y alienta a los niños de todo el país a evitar el hábito de fumar.

➢ Haz una promesa para liberarte del tabaco. Puedes pedirles a tus amigos y a los miembros de tu familia que hagan lo mismo.

En Filadelfia, los estudiantes se unieron para oponerse al hábito de fumar.

Existen muchas maneras de abandonar o evitar el hábito de fumar. Y con todos los problemas que causan los cigarrillos, lo mejor es no comenzar nunca a fumar. Es realmente simple. Las personas que no fuman tienden a ser más saludables. Son más atractivas. Ahorran dinero. Y, por lo general, viven más tiempo que los fumadores. ¿Qué decidirás?

"El hábito de fumar cigarrillos está claramente identificado como la principal causa evitable de muerte en nuestra sociedad".

—M.C. Everett Koop, ex Director General de Salud Pública

Glosario

acetona: una sustancia química que se encuentra en los quitaesmaltes

adictiva: hace que la gente sienta la necesidad de algo; difícil de dejar de usar

alquitrán: la sustancia negra y pegajosa que se usa en los techos y las calles pavimentadas

cianuro: el principal componente de los venenos para ratas

convulsiones: los signos físicos (como espasmos musculares importantes) de un episodio de actividad cerebral anormal

densidad ósea: la distribución de una cantidad de hueso por unidad de espacio

enfermedades cardíacas: enfermedades que dañan al corazón y le impiden funcionar con su máxima capacidad

enfermedad pulmonar crónica: una enfermedad de los pulmones recurrente o que nunca desaparece

enfisema: enfermedad grave que deteriora el tejido pulmonar

estrecha: se hace o se vuelve más angosto o pequeño al acercarse

flema: mucosidad que se encuentra en la garganta o en los pulmones

formaldehído: una sustancia química usada para preservar el cuerpo de los muertos

hidrazina: una sustancia química que se usa en el combustible de los cohetes espaciales

humo secundario: humo respirado por una persona que no está fumando

inseguras: que no confían ni se sienten seguras en sí mismas

menores: personas que no alcanzan la edad de responsabilidad absoluta

monóxido de carbono: un agente contaminante de los escapes de los automóviles

neumonía: una enfermedad de los pulmones con síntomas tales como congestión, fiebre, tos y dificultad para respirar

nicotina: la droga adictiva que se encuentra en el tabaco

proceso de abandono: una reacción física y emocional por dejar de usar una droga adictiva

tabaco: una planta que se usa en los cigarrillos

tolueno: un compuesto químico que se encuentra en la gasolina

urea: el principal compuesto químico que se encuentra en la orina

Índice

Bibliografía

Graydon, Shari. *Made You Look: How Advertising Works and Why You Should Know.* **Annick Press, 2003.**

Cada año, los niños ven aproximadamente 40,000 comerciales solo en televisión. Este libro te enseñará algunos de los trucos que usan las compañías para vender su producto y te ayudará a formular preguntas acerca de qué venden realmente.

Jankowski, Connie. *Investigating the Human Body: LifeScience (Science Readers).* **Teacher Created Materials Publishing, 2008.**

Descubre más acerca de cómo los sistemas del cuerpo trabajan juntos y por qué debes mantener tu cuerpo saludable.

Landau, Elaine. *Cigarettes (Watts Library).* **Children's Press, 2003.**

Este libro analiza problemas de salud asociados con el hábito de fumar, la historia del uso del tabaco y las diferentes maneras de abandonar el hábito de fumar.

Macaulay, David. *The Way We Work.* **Houghton Mifflin Books, 2008.**

Este libro ofrece una mirada colorida en primer plano acerca de la forma en la que funcionan nuestros pulmones y nuestro corazón. Descubre exactamente qué órganos se dañan por el hábito de fumar y de qué manera sucede.

Traynor, Pete. *Cigarettes, Cigarettes: The Dirty Rotten Truth About Tobacco.* **Sights Production, 1996.**

Acompaña a cuatro niños a medida que descubren los efectos dañinos del tabaco. Descubre los problemas de salud asociados al tabaco y cómo las compañías de tabaco hacen publicidad para lograr que los niños fumen.

Más para explorar

American Heart Association
http://www.heart.org/

Selecciona *Getting Healthy* para encontrar páginas con mucha información sobre nutrición, actividad física, niños más sanos, control del peso, control del estrés, grasas y aceites y abandonar el hábito de fumar.

Americans for Nonsmokers' Rights
http://www.no-smoke.org

Este sitio web explica los peligros del humo secundario, así como el impacto económico que el hábito de fumar tiene sobre los no fumadores.

PBS Kids: It's My Life
http://www.pbskids.org/itsmylife/body/

A la izquierda, haz clic en *Offline Activities* para accesar a las páginas de un diario, modos de iniciar una conversación y una lista de libros. O en el medio, debajo de *More Topics,* selecciona *Smoking* para accesar a información sobre el hábito de fumar, la presión de los amigos, ayudar a alguien a dejarlo y más.

KidsHealth
http://www.kidshealth.org

Este sitio web tiene secciones diferentes para padres, niños, adolescentes y educadores. Películas, juegos, recetas y diccionarios médicos abarcan diferentes temas. En la barra de búsqueda, escribe *smoking* para obtener más opciones relacionadas con el tema.

Smoking Effects
http://www.smokingeffects.org

Este sitio web enumera las diferentes áreas de tu vida que el hábito de fumar puede afectar y sugiere diferentes maneras de abandonar el hábito o seguir sin fumar.

Acerca de la autora

Stephanie Paris es una californiana de séptima generación. Se graduó como licenciada en Psicología en la Universidad de California, Santa Cruz, y obtuvo su licencia como docente de varias materias en la Universidad Estatal de California, San José. Ha sido docente de aula de la escuela primaria, docente de computación y tecnología de la escuela primaria, madre que imparte educación en el hogar, activista educativa, autora educativa, diseñadora web, *blogger* y líder de las *Girl Scouts*. La Sra. Paris es una persona que no fuma y atesora pulmones saludables.